RIMES

NEUVES ET VIEILLES.

VERSAILLES. — IMPR. E. AUBERT.

ARMAND SILVESTRE.

RIMES

NEUVES ET VIEILLES

AVEC UNE PRÉFACE.

DE

GEORGE SAND

PARIS

E. DENTU, LIBRAIRE-ÉDITEUR

PALAIS-ROYAL, GALLERIE D'ORLÉANS, 16 ET 18.

1866

PRÉFACE

Voici de très beaux vers. Passant, arrête-toi et
cueille ces fruits brillants, parfois étranges, toujours
savoureux et d'une senteur énergique. Faut-il chercher dans l'expansion lyrique la manifestation d'une

personnalité? Oui et non. D'abord, non. Le vers est une musique qui nous élève dans une sphère supérieure, et, dans cette sphère-là, les idées et les sentiments se sentent délivrés du contrôle de la froide raison et des entraves de la vraisemblance. C'est un monde entre ciel et terre, où l'on dit précisément ce qui ne peut pas se dire en prose. Un tel privilége est dû à la beauté d'une forme qui n'est pas accessible au vulgaire, ou du moins à l'état de vulgarité douce qui est le fond des trois-quarts de la vie pratique.

Permettons donc aux poètes de dépasser la limite du convenable et du convenu, ou plutôt exigeons cela de quiconque ose toucher à la lyre sacrée. Qu'ils ne parlent pas, qu'ils chantent, et que les plus grandes hardiesses soient purifiées par le chant inspiré. Qu'il en soit de la poésie comme de la statuaire, où le nu est souvent plus chaste que la draperie.

Ainsi donc, ne cherchons pas dans le lyrisme plus de réalité que le lyrisme n'en peut donner sans devenir prose, et ne prenons pas pour un vrai païen le poète qui fait des sonnets païens. Ces sonnets

sont-ils l'expression virile ou délirante du culte de
la beauté? Oui, puisqu'ils sont très réussis et très
beaux. C'est l'hymne antique dans la bouche d'un
moderne, c'est-à-dire l'enivrement de la matière chez
un spiritualiste quand même, qu'on pourrait appeler
le *spiritualiste malgré lui;* car, en étreignant cette
beauté physique qu'il idolâtre, le poète crie et pleure.
Il l'injurie presque et l'accuse de le tuer. Que lui
reproche-t-il donc? De n'avoir pas d'âme. Ceci est
très curieux, et continue, sans la faire déchoir, la thèse
cachée sous le prétendu scepticisme de Byron, de
Musset et des grands romantiques de notre siècle. Ceci
est aussi une fatalité de l'homme moderne. C'est en
vain qu'il invoque ou proclame Vénus aphrodite. Ce
rêve de poète, qui embrasse ardemment le règne de
la chair, ne pénètre pas dans la vie réelle de l'homme
qui vit dans le poète. Platon et le christianisme ont
mis dans son âme vingt siècles de spiritualisme qu'il
ne lui est pas possible de dépouiller, et, quand il a
épuisé toutes les formes descriptives pour montrer la
beauté reine du monde, et toutes les couleurs de la

passion pour peindre le désir inassouvi, il retombe épuisé pour crier à l'idéal terrestre : Tu n'aimes pas!

Voilà pourquoi, après avoir dit : Non, le lyrisme n'exprime pas l'homme réel, on peut dire aussi : Oui, le lyrisme révèle le fond de l'âme du poète, et moins il a la prétention de se montrer en personne dans ses vers, plus il trahit les tendances supérieures de son être.

Ici vit le grand combat qui, depuis deux mille ans *et plus* (beaucoup plus), tourmente et stupéfie l'âme humaine. C'est l'éternel pourquoi des générations avides d'un idéal mal cherché et qui semble insoluble encore à la plupart des hommes. Ce n'est pas ici le lieu pour philosopher et pour insinuer une vague intuition, une tremblante espérance de cette solution tant rêvée. C'est d'ailleurs aux poètes eux-mêmes qu'il faut la demander. Ils sont les précurseurs des métaphysiciens, s'ils ne sont pas les vrais métaphysiciens; qui sait? Pour moi, je n'affirmerais pas bien résolûment le contraire, et je dis que la lumière naîtra d'une sensation traduite par l'élan poétique. Une impression spontanée, chez un esprit supérieur, caractérisera tout à coup l'homme nouveau. Sera-ce l'amour ou la mort qui parlera? Peut-être l'un et l'autre. Peut-être que dans l'extase du plaisir, excès de vitalité, ou dans la volupté du dernier assoupissement, paroxisme de lucidité, l'âme se sentira complète. Alors la vraie poésie chantera son hymne de triomphe. Les mots esprit et matière feront place à un mot nouveau exprimant une vérité sentie et non plus cherchée, et ce qu'un révélateur aura éprouvé passera à l'état de vérité, en dépit de toutes les discussions métaphysiques et de toutes les analyses anatomiques.

Nous n'en sommes pas là. Jamais la scission entre le rôle de l'esprit et celui de la matière n'a semblé plus prononcée en philosophie et en littérature. Donc l'homme est encore trop jeune pour se comprendre et se connaître lui-même. Tant mieux! C'est un grand avenir ouvert pour les poètes et les artistes.

Les chants que voici sont des cris d'appel jetés sur la route. Ils sont remarquablement harmonieux et saisissants. Ils ont l'accent ému des impressions fortes, et le chantre qui les dit est un artiste éminent, on le voit et on le sent de reste. Souhaitons-lui longue haleine et bon courage. Nous avons lu ses vers en épreuves; nous ne savions pas encore son nom : notre admiration n'est donc pas un acte de complaisance.

GEORGE SAND.

.

10 mars 1866.

.

SONNETS PAYENS

A URBAIN FAGES.

I.

Dans sa splendeur marmoréenne,
Vénus s'enferma sans retour ;
Et depuis, jamais forme humaine
N'égala ce divin contour.

La beauté fut, quoi qu'il advienne ;
Et, n'eut-elle apparu qu'un jour,
Elle nous légua, souveraine,
Un culte immortel dans l'amour !

En vain, de la Grèce exilées,
Les courtisanes affolées,
Au travers d'un monde blasé,

Promènent l'horrible et l'étrange ;
— Je cherche sous ces corps de fange
Les débris du marbre brisé.

1.

II

Je chanterai toujours, dans sa grâce et sa force,
La beauté de Rosa, prêtresse de Vénus,
Quand le frisson mordait aux splendeurs de son torse,
Et que ses lourds cheveux balayaient ses bras nus !

Quelle sève courait sous ta vivace écorce,
Arbre qui m'as versé des poisons inconnus ?
— Rosa, j'épuiserai les baisers contenus
Au pourpris de ta lèvre où le désir s'amorce.

Mon front contre ton front d'airain, je sècherai
Mes pleurs à tes regards qui n'ont jamais pleuré !
— Oubliant dans tes bras l'idéal qui rayonne,

Je veux m'anéantir sous ton charme vainqueur,
Et, parmi ce tumulte où ton corps s'abandonne,
Admirer le repos éternel de ton cœur.

III

Rosa, l'air est plus doux qui baigne ta poitrine ;
Avril emplit d'odeurs les feuillages ombreux.
— Tout renaît, et, le long des sentiers amoureux,
Partout saigne la rose et neige l'aubépine !

La fleur sous les buissons entr'ouvre un œil peureux
Et livre au vent du soir l'or de son étamine.
— Tout aime ! — Viens, Rosa, les amants sont heureux.
A l'ombre du grand bois qui pend à la colline !

Mais, Rosa la prêtresse ignore les frissons
Qu'avril nous porte avec ses blanches floraisons;
Jamais les doux gazons n'ont baisé sa sandale.

Des ténèbres du temple elle cherche l'horreur,
Et, du feu qui nous brûle, immobile vestale,
Garde, comme un autel, le tombeau de son cœur.

IV

Quand recueilli, muet et comme inanimé,
Sur ta bouche de feu, j'entr'ouvre ma narine
Aux vagues de parfums que ton souffle embaumé
Roule amoureusement dans ta fière poitrine,

Le fruit mystérieux dans ton être enfermé
M'enivre lentement de son odeur divine;
Et, comme on voit le flot rouler la fleur marine,
Je sens que l'infini m'emporte désarmé !

Je meurs et je renais, et puis je meurs encore,
Et, loin de fuir la mort, lâchement je l'implore,
Dans ton superbe corps souhaitant mon cercueil!

Ton haleine m'étreint et jusqu'aux cieux m'enlève,
Et, tremblant, éperdu, j'entrevois dans un rêve
Le monde de splendeurs dont ta lèvre est le seuil!

V

Les Dieux ont fait de toi la Naïade immobile
Des lacs froids et profonds sous l'ombrage dormants,
Où le choc des bois morts que décembre mutile
Seul éveille parfois quelques tressaillements.

Les grands chênes, autour de cette onde tranquille,
Tordent leurs bras avec de sourds gémissements.
La bise les flagelle, et leur plainte inutile
Semble de mon amour redire les tourments.

Mon cœur est comme un chêne aux ramures plaintives
Qu'un vent mystérieux flagelle sur tes rives,
Beau lac d'amour qui dors un sommeil sans pitié !

Et, durant que la ronce ensanglante mon pied,
Un sourire, pareil aux nénuphars moroses,
Seul, fleurit sans baisers tes lèvres toujours closes !

V

Quand sur les yeux brûlés de leurs propres rayons,
Le sommeil a versé la fraîcheur de son aile,
Rêves-tu quelquefois de la chose éternelle
Que nous portons en nous, que toujours nous fuyons?

Sous ton front où la nuit s'épanche, solennelle,
L'infini creuse-t-il d'implacables sillons?
Et quand ton cœur n'est plus trahi par ta prunelle,
S'ouvre-t-il à la mer des vastes passions?

Marbre durant le jour, la nuit deviens-tu femme?
Un rêve berce-t-il dans le fond de ton âme
Quelque amour sans espoir que tu nommes tout bas?

Tes sens s'éveillent-ils quand ta chair se repose?
— C'est un tourment jaloux que ton sommeil me cause:
Tu dois aimer en songe, où tu ne vivrais pas!

VII

Je voudrais, quand tous deux aurons la bouche close,
Qu'on nous couche, Rosa, sous les mêmes gazons,
Pour que la mort, féconde en douces liaisons,
Unisse nos deux corps dans leur métamorphose.

Car vous serez encor quelque superbe chose,
Rosa, corps embaumé, refrain de mes chansons,
Et vous revêtirez la pourpre d'une rose,
Lorsque nous renaîtrons, au temps des floraisons !

Moi, je voudrais alors que ta chère racine
Pût retrouver mon cœur, débris de ma poitrine,
Pour y puiser l'éclat de tes lèvres de fleur!

Je voudrais devenir la source de ta sève,
Ou, si tu ne peux pas réaliser mon rève,
Que tu boives, vivant, tout le sang de mon cœur!

VIII

Quand ton beau corps jonche ta couche,
Comme une avalanche de fleurs,
Je ne sais où jeter ma bouche
Qu'embrasent de folles chaleurs,

Et, plus humble que les voleurs,
Je baise le drap qui te touche,
Tremblant qu'un souffle n'effarouche
Quelques-unes de tes splendeurs!

Durant que d'invisibles chaines
Me tiennent courbé, dans mes veines
Court un torrent de volupté;

Car je sais l'immortelle joye
De sentir le genou qui ploye
Devant l'immortelle beauté!

IX

Rosa, je veux mouler deux coupes sur ton sein,
Pour enivrer mes yeux de leur beauté jumelle,
Et, comme un nourrisson qui pend à la mamelle,
Y boire lentement le doux sang du raisin.

Sur ta croupe je veux mouler un grand bassin
Où l'art du ciseleur savamment entremêle
Des femmes et des fleurs — un étrange dessin —
Tout un poème, ainsi qu'un chant de Philomèle!

Sur ton col où ta main laisse choir tes cheveux
J'imiterai l'amphore à la courbe suave.
Je sauverai ton corps de l'oubli, — car, je veux

Qu'en retrouvant l'argile où ta forme se grave,
Un poète s'écrie aux âges inconnus :
Ce trésor fut pétri sur le corps de Vénus !

X

L'IMAGE me poursuit du fleuve qui sépare
Nos terrestres pays du grand pays des morts. —
Pourquoi boire l'oubli! — J'ai vécu sans remords.
Le Léthé seul m'effraye aux portes du Ténare!

J'aurais, sculpteur avide, épuisé le Carrare;
A l'airain le plus pur, à l'onyx le plus rare,
Rosa, j'aurais ravi la forme de ton corps,
Pour la voir se briser en touchant à ses bords...

Non! Non! les Dieux sauront me sauver ta mémoire!
Car, pour charmer les morts, je leur dirai la gloire
De ton col qui se plie, ondulant et nerveux

Comme le col d'un cygne, et de tes longs cheveux
Dont le flot s'amollit, en baisant tes épaules,
Comme au toucher de l'eau les pleurs vivants des saules!

XI

Je sculpte, dans mon cerveau,
Une adorable statue
Que je lègue à mon tombeau,
— Car c'est elle qui me tue.

Car, sous son poids abattue,
En vain éprise du beau,
Ma pensée, en deuil vêtue,
Va traînant comme un lambeau.

L'image que je cisèle,
C'est une femme — c'est celle
Qu'anima Pygmalion;

Celle par qui mon sang coule.
— Car son beau pied qui me foule
A des griffes de lion!

XII

Quand la beauté revêt un marbre que n'habite
La pitié ni l'amour, et qui semble vivant,
Le Désir éternel, en vain fouille et s'irrite
Aux flancs toujours intacts de ce corps triomphant.

Cette image des Dieux, cette forme qu'agite
Un souffle égal, pareil au sommeil d'un enfant;
Cette splendeur où rien de vivant ne palpite,
Je l'aime d'un amour immense et décevant!

Mais, pour ne pas souffrir, tu n'es pas immortelle,
Rosa! — Ne sais-tu pas que la nuit est cruelle
Au troupeau de Pluton, le sinistre pasteur?

Va, ne crains rien, enfant!—Lorsque sous ta mamelle,
Elle mettra sa main sans y trouver ton cœur,
La mort, en t'embrassant, t'appellera : « Ma sœur! »

XIII

Rosa, ta coupe a soif et cette vigne est mûre :
Viens-t'en la vendanger aux chansons des oiseaux !
Atteint par ton regard, mon cœur en vain murmure.
— Voici que le raisin pleure sous les ciseaux.

Je veux, en la baisant, dénouer ta chaussure,
Et que, sur mon trésor, dansent tes pieds jumeaux.
— Voici que le raisin croule dans les tonneaux,
Et que mon cœur n'est plus rien qu'une meurtrissure.

Vendangeuse d'amour, être doux et puissant,
Ta coupe d'or boira la pourpre de mon sang!
Lorsque tu m'apparus et que ta chevelure

Secouait ses parfums dans l'air tiède du soir,
J'ai senti dans mon cœur s'ouvrir une blessure...
— Voici que le raisin saigne sous le pressoir!

—————

XIV

En vain nous étreignons nos cœurs pour retenir
Le souffle fugitif qui court dans nos poitrines.
— Pour savoir le secret des voluptés divines,
Nous ne sommes pas Dieux, maîtres de l'avenir.

En s'élançant des flots, Vénus a fait jaillir
Avec l'eau de la mer, sur notre pauvre monde,
Les gouttes d'infini dont notre âme s'inonde.
— Seule, elle nous a fait le regret de mourir !

Qu'importe le trépas des plus superbes choses?
A peine les enfants pleurent-ils sur les roses :
Notre pitié s'arrête au monde inanimé.

Mais nous, les affolés de ton image auguste,
Si nous ne renaissons, Vénus, tu fus injuste !
— On doit être immortel, rien que d'avoir aimé.

XV

O toi que je nommais l'immortelle beauté,
O souffle de Vénus égaré dans la pierre,
Comme un pasteur qui grave un nom cher sous le lierre,
J'ai mutilé mon cœur de ton nom répété.

J'ai, sous ton pied superbe, empourpré la poussière,
Lys du pays des morts, sombre virginité,
Sans qu'un baiser jamais ait fleuri ta fierté,
Sans qu'une larme, ô femme, ait fleuri ta paupière !

Et dans mon amour sans remords,
Je m'en vais où s'en vont les morts;
Car ta beauté que j'idolâtre,

Rosa, c'est la coupe sans fond,
La coupe d'or de Cléopâtre,
Où, cœurs et perles, tout se fond !

XVI

Rosa, puisque les Dieux de beauté t'ont vêtue,
O gloire de la chair! ô corps marmoréen!
Qu'importe, n'est-ce pas, que ta beauté me tue,
Moi qui maudis les Dieux et n'en espère rien!

Comme un lierre qui mord les flancs d'une statue,
A tes flancs de granit, mon désir irrité
Tord ses rameaux vivants, s'épuise et s'évertue...
Qu'importe! — Ma souffrance a paré ta beauté.

Mon sang fuit de mon cœur, et des veines nouvelles
Promènent, sur ton corps aux splendeurs immortelles,
Mon âme qui voudrait en toi s'emprisonner !

O Rosa, fleur de pierre au Carrare ravie,
Va ! les Dieux n'ont rien fait, — il te manque la vie,
Et tout mon sang, hélas ! ne peut te la donner !

XVII

Heureuse cette fleur, bien qu'en un soir, fanée,
Que sèche sur ton sein la chaleur de ton sang,
Que ton souffle rythmé berce, doux et puissant,
Aux splendeurs d'une mer de lait abandonnée.

Ta tunique l'étreint sur ta peau satinée
Qui boit avidement son parfum languissant.
— Je l'aime, cette fleur, et la baise en pensant
Que nous aurons tous deux la même destinée.

Quand tes bras nonchalants à tes pieds laissent choir
Le dernier vêtement que déchirent tes hanches,
Ramasses-tu la fleur qui t'embauma le soir?

Ramasses-tu le cœur tombé de tes mains blanches?
— Rosa, foule, en chantant, ces roses sous ton pied,
Mais tremble que l'amour t'apprenne la pitié!

XVIII

TA gorge est rebondie et ta hanche est robuste :
Rosa, pourquoi tes flancs n'ont-ils pas enfanté?
En vain fut modelé, sur ton ventre et ton buste,
Le moule d'où jaillit l'immortelle beauté.

Le moule est encor vide, et, de ta forme auguste,
Rien ne nous restera, cadavre trop vanté,
Toi qui n'égales pas, dans ta stérilité,
La coquille rugueuse où la perle s'incruste.

Le temps seul flétrira le marbre de ton corps,
Courtisane sans cœur! — car l'amour que tu railles
T'a refusé des fils, honneur de tes entrailles.

Mais, non! Descends plutôt, jeune, parmi les morts,
Et cache, en t'enfuyant, sous ta blanche tunique,
De tes flancs inféconds la splendeur impudique!

XIX

Comme un grand lac perdu dans une solitude,
Ton front, pâle Rosa, rêve éternellement.
Qui t'apprit le secret de cette quiétude
Où le remords s'apaise, où s'endort le tourment?

Va, ce calme n'est rien qu'une savante étude;
J'ai lu dans ton sourire une douleur qui ment.
Tu refuses aux Dieux dont la main te fut rude
L'ivresse d'entrevoir l'horreur du châtiment.

Je t'admire et te plains, ô fière créature,
Pareille aux vieux Titans des cieux précipités,
Triste sœur des maudits et des déshérités !

De ton front résigné j'ai compris l'imposture ;
Enfant, j'ai de ton mal sondé la profondeur :
— Les Dieux ont mesuré ta souffrance à ton cœur !

4.

XX

Parfois, à mon chevet que l'insomnie habite,
Ton beau corps, dans la nuit, se dresse lumineux,
Comme une lampe immense où la flamme s'abrite
Dans les flancs transparents d'un albâtre neigeux.

Une molle clarté qu'aucun souffle n'agite
Baigne, sans y trembler, tes contours glorieux;
Mais, vainement je cherche un reflet qui palpite
Dans l'immobilité dont s'effrayent mes yeux !

Et puis je me souviens. — Va, sois la bienvenue !
Telle je te revois, telle je t'ai connue,
Rosa, mon cher amour, blanche apparition !

Au temps où me brûlait ma folle passion,
Sans t'animer jamais et sans qu'une étincelle
Trahît le feu vivant que ta splendeur recèle !

XXI

Neige par la blancheur, neige par les frissons,
Ta chair jette au soleil de froides étincelles;
Tes cheveux crépelés ressemblent aux buissons
Où le givre suspend ses frileuses dentelles.

Comme dessus un fleuve où courent des glaçons,
Mille scintillements passent dans tes prunelles;
Et le vent de ta lèvre a les fraîcheurs cruelles
Des souffles que la nuit roule sur les gazons.

Quelle implacable bise a glacé, sur ta bouche,

Les baisers que nous doit ta vivace beauté,

O toi qui ne sais pas l'heur de la volupté,

Et passes, dans l'orgueil de ta splendeur farouche?

— Voici que le printemps rit sur le coteau vert,

Et que tu portes seule un éternel hiver !

XXII

Rosa, j'ai le secret de tes sombres pâleurs,
O chère ténébreuse! ô grande inconsolée!
O toi qui de ton cœur as fait un mausolée
Où ta joue et ta lèvre ont épuisé leurs fleurs.

L'amour défunt qui dort sous tes spendeurs voilées,
A chassé de ton sein les vivantes chaleurs;
L'âme s'en est enfuie, avec tes derniers pleurs,
Aux flammes du bûcher, dans le ciel bleu, mêlée.

Et, sans pitié pour toi, tu vis se consumer,
Dans ton être éperdu, la puissance d'aimer!
— Tout périt, sauf l'éclat de tes formes divines.

Ta droite laissa choir le céleste flambeau,
Mais tu voulus, sauvant la beauté des ruines,
Faire à ton souvenir un splendide tombeau.

XXIII

Je vais, le cœur lassé des vaines meurtrissures,
Cherchant une douleur qui ne puisse guérir.
Seul, l'idéal nous fait d'immortelles blessures,
Et le mal de l'aimer console d'en souffrir.

Le temps essaye en vain ses savantes morsures
Aux choses qu'ici-bas la beauté vient fleurir;
Elle passe, et partout met des empreintes sures,
Et le bien de l'aimer console d'en mourir!

O splendeur de la forme à la forme transmise !
Le temps garde à nos fils l'éternelle surprise
De ton divin sourire, ô fille de Vénus !

O beauté de la femme ! O seule beauté vraie !
Je suis des insensés que ta grandeur effraye
Et dont la lèvre effleure à peine tes pieds nus !

———

II

MIGNONNE

A AMÉDÉE CANTALOUBE

I

Une rose frileuse, au cœur noyé de pluie,
Sur un rameau tremblant vient de s'épanouir,
Et je me sens repris de la douce folie
De faire des chansons et de me souvenir!

Les amours trépassés qui dormaient dans mon âme,
Doux Lazare sur qui j'ai tant versé de pleurs,
Soulèvent, en riant, leur suaire de fleurs
Et demandent le nom de ma nouvelle dame.

Ma Mignonne aux yeux bleus, mets ta robe et fuyons
Sous les bois remplis d'ombre et de mélancolie,
Chercher le doux remède à la douce folie.
— Le soleil m'a blessé de ses premiers rayons!

II

SONNET MATINAL.

Les étoiles effarouchées
Viennent de s'envoler des cieux.
J'en sais deux qui se sont cachées,
Mignonne, dans vos jolis yeux;

A l'ombre de vos cils soyeux
Et sous vos paupières penchées :
Attendez ! — mes baisers joyeux
Les auront bientôt dénichées!

Vous feignez de dormir encor :
Éveillez-vous, mon doux trésor !
— L'aube pleure sous les feuillées,

Le ciel désert est plein d'ennui,
— Ouvrez les yeux et rendez-lui
Les deux étoiles envolées !

III

CHANSON.

Sur la source elle se pencha :
La source doubla son image,
Et ce fut un charmant mirage
Qu'un peu de vent effaroucha.

Sous les grands bois elle chanta :
L'oiseau doubla son chant sauvage,
Et ce fut un charmant ramage
Que le vent lointain emporta.

Quand j'effleurai son doux visage,
Sa bouche ma bouche doubla.
— Le vent peut balayer la plage,
Mignonne, que me fait l'orage?
— Ton baiser reste toujours là!

IV

Dans mon cœur qui saigne,
Tiens, si tu le veux,
Enfonce le peigne
Qui mord tes cheveux.

Il n'est mal affreux
Que de toi je craigne.
— Cherche qui le plaigne
Un moins amoureux!

Dans mon cœur qui prie,
Dans mon cœur qui crie
Sous ton pied taquin,

Enfonce, Mignonne,
Le talon qui sonne
A ton brodequin !

6

V

RONDEAU.

Vos petits pieds que trahit la souplesse
D'une bottine au talon insolent,
Dans mon esprit se promènent sans cesse
Depuis deux jours, d'un pas muet et lent,
Et, dans ce rêve, enfant, je le confesse,
Mon âme puise un long enchantement.
Qu'ils sont petits, morbleu ! — Le conte ment,
Et Cendrillon n'eut jamais, la pauvresse,
            Si petits pieds !

Sous vos jupons qu'ils glissaient mollement !
Sous vos jupons, quels pieds ! — Quelle promesse !
— Je n'y veux pas songer, mais seulement,
Humble mortel, je voudrais, ô déesse,
A deux genoux baiser dévotement
Vos petits pieds !

VI

CHANSON.

Riez-vous? Ne riez-vous pas?
— Quand vous l'avez dit tout à l'heure,
Ce mot! — Vous l'avez dit si bas!...
Je n'ai pas compris, mais je pleure.
— Riez-vous? — Ne riez-vous pas?

Pitié! votre bouche m'effleure.
Ce bruit! vous l'avez fait si bas!...
Si c'est un baiser, que je meure!
— Riez-vous? Ne riez-vous-pas?

Si c'est un baiser, qué je meure !
— Sur mon cou je sens votre bras...
Vous m'avez baisé tout à l'heure !
Je n'ose y croire, mais je pleure.
— Riez-vous ? — Ne riez-vous pas !

6.

VII

RIMES TIERCES.

Voici que les grands lys ont vêtu leur blancheur;
Sur les gazons tremblants l'aube étend sa fraîcheur.
— C'est le printemps! c'est le matin! Double jeunesse!

Ma mie, en s'éveillant, ma dit : « Le beau soleil!
« Le temps est donc venu que tout charme renaisse.
« Partout des chants! Partout des fleurs! Double réveil! »

Et, la tiédeur de l'air la rendant moins farouche,
Je me penchai vers elle et je posai ma bouche
Sur sa bouche et sur ses cheveux, double trésor!

VIII

CHANSON.

En avril, sous les branches
Au feuillage frileux,
En cherchant des pervenches,
J'ai trouvé tes yeux bleus;

Et j'ai vu tes mains blanches
Parmi les lys neigeux,
En avril, sous les branches
Au feuillage frileux.

Et, comme un nid joyeux,
Ton petit cœur, aux cieux
Contait ses gaîtés franches,
En avril, sous les branches
Au feuillage frileux,

IX

L'aube tombe et frissonne
Sur les gazons mouillés :
— De la fraîcheur, Mignonne,
Gardez vos petits pieds !

Combien vous m'oubliez !
— C'est l'Angélus qui sonne.
Plus tôt vous rentriez
Lorsque vous m'étiez bonne.

Vous aimiez tant les fleurs !
— Celles-ci de mes pleurs
Brillent, — je vous les donne.

Mais, si vous les fouliez...
De la fraîcheur, Mignonne,
Gardez vos petits pieds !

X.

CHANSON.

Que l'heure est donc brève
Qu'on passe en aimant!
— C'est moins qu'un moment,
Un peu plus qu'un rêve.

Le temps nous enlève
Notre enchantement.
— Que l'heure est donc brève
Qu'on passe en aimant!

Sous le flot dormant
Soupirait la grève ;
M'aimas-tu vraiment?
Fut-ce seulement
Un peu plus qu'un rêve?...
— Que l'heure est donc brève
Qu'on passe en aimant!

XI

PULVIS ES.

Pulvis es, vous êtes poussière!
— La Bible vous l'a dit souvent,
Quand vous la feuilletiez, rêvant,
Pour y chercher une prière.

Oui, quand votre folle crinière
S'envole et s'éparpille au vent,
Et qu'elle s'emplit de lumière
Aux baisers du soleil levant,
Pulvis es — vous êtes poussière!

Poussière où se complaît mon cœur,
Poussière d'or un soir tombée
Des étamines d'une fleur
Où se roulait un scarabée !
Poussière au flot capricieux,
Pleine de senteurs de bruyère !
— Oh ! les blonds ! les charmants cheveux !
Pulvis es — vous êtes poussière !

XII

COMPLAINTE.

Je pars! Adieu, ma chère âme,
Garde bien mon souvenir!
— Quoi! sitôt partir, ma Dame !
Ne devez-vous revenir?

— Si — je reviendrai peut-être...
Si — bien sûr je reviendrai...
Va m'attendre à la fenêtre;
De plus loin te reverrai.

J'attendis à la fenêtre
Le retour tant espéré,
Mais, ni bien sûr, ni peut-être,
Ni jamais la reverrai!

Bien fol qui croit quand sa Dame
Lui jure de revenir.
Je meurs! — Adieu, ma chère âme!
J'ai gardé ton souvenir.

XIII.

Le doux printemps a bu, dans le creux de sa main,
Le premier pleur qu'au bois laissa tomber l'aurore;
Vous aimerez demain, vous qui n'aimiez encore,
Et vous qui n'aimiez plus, vous aimerez demain!
— Le doux printemps a bu dans le creux de sa main.

Le printemps a cueilli, dans l'air, des fils de soie.
Pour lier sa chaussure et courir par les bois;
Vous aimerez demain pour la première fois,
Vous qui ne saviez pas cette immortelle joie!
— Le printemps a cueilli, dans l'air, des fils de soie.

Le printemps a jeté des fleurs sur le chemin
Que Mignonne remplit de son rire sonore;
Vous aimerez demain, vous qui n'aimiez encore,
Et vous qui n'aimiez plus, vous aimerez demain!
— Le printemps a jeté des fleurs sur le chemin.

XIV

BONSOIR.

Bonsoir, Mignonne, il se fait l'heure
Où se closent vos yeux si doux.
Voulez-vous pas que je demeure
Près de votre lit, à genoux ?
Que seulement ma bouche effleure
Le lin de vos rideaux jaloux !
Pauvres gens, que nous sommes fous !
Ne voyez-vous pas que je pleure.....
     — *Bonsoir !*

Si votre pitié n'est que leurre,
J'aimerais mieux votre courroux ;
Si vous ne voulez que je meure,
Hélas, pourquoi me dites-vous :
Bonsoir?

XV

Pourquoi dire non, si tu pensais oui?
Moi, je n'ai pas su lire ta pensée,
Mais j'emporte une âme à jamais blessée,
Et mon doux espoir s'est évanoui.

J'étais à tes pieds, tremblant, ébloui,
D'entendre ta voix l'oreille pressée...
Et je n'ai pas su lire ta pensée!
— Pourquoi dire non, si tu pensais oui?

Ah! si tu m'aimais, la chose insensée
De m'avoir, d'un mot, tout mon bien ravi!
Moi qui n'ai pas su lire ta pensée.....
— Pourquoi dire non, si tu pensais oui?

XVI

La rouille d'automne envahit les branches
Du grand chêne où vont percher les ramiers.
— Te rappelles-tu les floraisons blanches
Qu'avril fait neiger au front des pommiers?

Va, les jours d'automne ont aussi leur joie;
Un dernier parfum des bruyères sort,
Et le cliquetis du feuillage mort
Semble un frôlement de robe de soie.

Et je pense au temps où, chaque matin,
Quand elle partait, chère feuille morte!
Ses jupons ainsi chantaient à ma porte.

Et mon cœur s'emplit du regret lointain
D'avril qui jonchait les bois de pervenches,
Et faisait neiger les floraisons blanches!

XVII

Mignonne, vous avez la grâce
Qui ferait l'amour éternel ;
Vous voir, c'est vivre dans le ciel,
Et jamais élu ne s'en lasse.

Votre rire est doux et cruel :
Vous savez vaincre d'une larme.
— Mignonne, vous avez le charme
Qui ferait l'amour éternel.

Quelle abeille a fleuri de miel
Ta bouche où le baiser se fige?
— Mignonne, tu sais le prestige
Qui ferait l'amour éternel !

XVIII

CHANSON.

Nous nous sommes aimés trois jours ;
Trois jours elle me fut fidèle,
— Trois jours ! — La constance éternelle
Et les éternelles amours !

Jamais ! jamais ! me disait-elle ;
Moi je disais : toujours ! toujours !
— Toujours ! — La constance éternelle
Et les éternelles amours !

Depuis ce temps, de l'hirondelle
Trois fois j'ai compté les retours.
— Nous nous sommes aimés trois jours;
Trois jours elle me fut fidèle.

III

LES PRIMESAULTS

A AMÉDÉE CANTALOUBE.

TRIOLETS PRINTANIERS.

C'était le long du boulevard :
Elle trottait, jupe troussée,
La bouche close et l'œil bavard.
— C'était le long du boulevard ; —
Près d'elle s'en fut ma pensée,
L'embrasser sous son bolivar.
— C'était le long du boulevard :
Elle trottait, jupe troussée.

Villon, qui fut un grand chanteur,
Prisait fort les belles haulmières.
— Mes enfants apprendront par cœur
Villon qui fut un grand chanteur.
Dans ses rimes primesaultières,
L'art français tenta sa vigueur.
— Villon, qui fut un grand chanteur,
Prisait fort les belles haulmières.

— En passant devant Tortoni,
Elle me fit une grimace :
Qui mal y pense soit honni !
En passant devant Tortoni,
Je pris un bock, elle, une glace,
Sur un beau marbre très uni.
— En passant devant Tortoni,
Elle me fit une grimace.

Villon, qui fut un grand buveur,
Mourut sans avoir bu de bière !
Je plains fort, pour ce grand malheur,
Villon, qui fut un grand buveur.
Le doux breuvage de Bavière
Eût enchanté ce vieux rêveur.
— Villon, qui fut un grand buveur,
Mourut sans avoir bu de bière !

— Lors nous choisîmes, entre tous,
Un cab à l'allure discrète,
Attelé d'un beau cheval roux.
Lors nous choisîmes, entre tous,
Le chemin qui mène à la Muette,
Des chemins du bois le plus doux !
— Lors nous choisîmes, entre tous,
Un cab à l'allure discrète.

Villon, qui fut un grand chercheur,
Se passa toujours de voiture.
Et, connaissant Paris par cœur,
Villon, qui fut un grand chercheur,
Savait mainte ruelle obscure
Où d'aimer on eut la douceur.
— Villon, qui fut un grand chercheur,
Se passa toujours de voiture.

— Nous roulions silencieusement
Sur un macadam sans reproche.
Elle causait si gentement !
— Nous roulions silencieusement.....
Je n'ai plus un sol dans ma poche,
Mais ne regrette rien, vraiment!
— Nous roulions silencieusement
Sur un macadam sans reproche.

Villon sut un art enchanteur :
L'art de vivre gueux comme un moine
Et d'être aimé comme un seigneur !
Villon sut un art enchanteur ;
Mes enfants l'apprendront par cœur,
Ce sera tout leur patrimoine !
— Villon sut un art enchanteur :
L'art de vivre gueux comme un moine.

A LÉON P.....

SONNET PANTHÉISTE.

La forme a des splendeurs que redoute la foi :
Quelle immortalité vaudra jamais la tienne,
Matière que revêt la beauté souveraine,
Nature à qui sourit une éternelle loi ?

Tout est saint, tout est dieu, tout est vivant en toi!
Quand notre âme se prend à ta grandeur sereine,
L'immobile nous charme et vers lui nous entraîne;
Et nous sentons, perdus dans un mystique émoi,

Notre sang qui se fige au cœur glacé des marbres,
Ou se fait sève et court sous l'écorce des arbres,
Ou rougit les pavots parmi les blés flottants.

A l'horreur du tombeau, l'espérance pardonne :
La Mort n'est plus la Nuit, mais l'Aube qui nous donne
La gloire de fleurir la robe du Printemps!

A LÉON P....

FIERTÉ.

Si je perds mon argent, tant pis pour ma maitresse!
Si je perds ma gaîté, tant pis pour mes amis!
Si je perds ma fierté, tant pis pour moi! tant pis!

Tant pis pour le public, si je fais une pièce!
Tant pis pour mon pays, si je fais une loi!
Si je fais une fin, tant pis! tant pis pour moi!

Tant pis ! Tant pis pour moi, si je deviens notaire,
Exempt ou procureur, porteur de noirs habits,
Cafard, chatte-miteux, comme j'en ai vu faire !...
    Tant pis !

A LÉON P.....

ÉLOGE DE LA MORT.

La Mort revêt d'éclat la Nature immortelle,
Et c'est elle qui fait la gloire du printemps !
Aux germes, sous la pierre endormis et latents,
Elle garde l'honneur d'une forme nouvelle.

C'est la vestale assise au temple de Cybèle,
Qui veille sans relâche au feu toujours vivant ;
C'est la grande nourrice, et l'univers enfant,
Un jour, boira notre âme au bout de sa mamelle.

Oh! la nouvelle vie et le grand renouveau!
— C'est le monde des fleurs qui jaillit du tombeau;
— C'est la rose de mai saignant sur la bruyère;

— C'est l'or que le vent roule aux cimes des moissons;
— C'est l'odeur des jasmins naissant sous les gazons;
— C'est la splendeur des lys qui monte de la terre!

PREMIER RONDEAU DE LA GAITÉ.

Page où j'inscris un nom charmant,
Envole-toi, pauvre hirondelle !
Se doute-t-elle seulement
Que j'ai les yeux éblouis d'elle ?
Page où j'inscris le nom d'Adèle,
Vole, et dis-lui discrètement,
Que, dans un âge plus clément,
Je fusse resté son fidèle
                Page !

A la Gaîté, fort rudement
Assis au parterre d'icelle,
J'ai rimé désespérément
Ce rondeau pour mademoiselle
Page!

SONNET D'ISABELLE.

Sur ta poitrine vierge, une abeille amoureuse
Grave, d'un dard brûlant, deux pudiques rougeurs,
Et pose, en bourdonnant, sur ta lèvre peureuse,
Le miel des longs baisers aux moiteuses fraîcheurs !

Sous ta poitrine vierge, une source mystique
S'entr'ouvre au cœur du marbre et l'emplit de frissons,
Et murmure et t'endort au bruit de ses chansons,
Comme Narcisse au bord de la fontaine antique !

Sur ta poitrine vierge, essayant ses clartés,
Enfant, le doux soleil de ta quinzième année
Fleurit le lys tremblant des chastes voluptés.

Sous ta poitrine vierge, une douleur est née;
Déjà tes lèvres, femme, ont appris les sanglots,
Et, sous le faix des pleurs, tes doux yeux se sont clos!

A HENRI CANTEL.

CHANSON.

J'AI bien foulé de douces choses
Sur le chemin des cœurs blessés.
— Trop vite, j'ai cueilli les roses,
Trop vite, hélas! et pas assez!

J'ai bien vu de doux fronts de femme,
De blonds cheveux de fleurs tressés.
— Trop vite j'enivrai mon âme,
Trop vite, hélas! et pas assez!

De regrets, l'amour est suivie,
Qui lentement sont effacés.
— Trop vite s'écoule la vie,
Trop vite, hélas! et pas assez!

SOUVENIR DE DIEGO GUERRERO.

Tel qu'un prêtre à l'autel courbé sous l'ostensoir,
Il portait, parmi nous, son cœur comme une hostie,
Sanglant, immaculé. — Sa tête, appesantie
Sous le divin fardeau, fléchit avant le soir.

Plus haut que la misère et que le désespoir,
Il portait, parmi nous, son cœur comme une hostie.
Tel qu'un prêtre à l'autel courbé sous l'ostensoir,
Il priait lentement quand son âme est partie.

Quand l'Ange de la Mort entr'ouvrit son linceul,
Il vit à son flanc gauche une blessure ouverte,
Un coup mystérieux que je connaissais seul.

Que le printemps joyeux porte, en sa robe verte,
A chacun de nos morts, sa fleur de souvenir !
— L'épine du Calvaire ici devra fleurir.

10.

A LÉON P....

RONDEL DES BEUVEURS.

Les vrays beuveurs sont les beuveurs de bière !
Oyez-vous pas ces gentylz compaygnons
Humanet au frays le nectar de Bavière,
Ce pendant qu'Aoûst faict rostir les oignons.
Ils sont assys, drus comme champignons,
Tout alentour la table hospitalière.
— La bière seule esjouyt les rognons
      Des vrays beuveurs !

A l'huys joyeux, fesons halte et coignons!
Là, tient Phœbus école chansonnière,
Et Grâces font la Muse prisonnière ;
Grâces aux doigts rondelets et mignons,
Versez encore une bouteille entière
    Aux vrays beuveurs!

A H. F.

LA LYRE D'AMOUR.

« J'aime et je veux chanter, dit le jeune poète,

« Mon cœur souffre le mal de la langueur secrète,

« Des larmes sans regret, des soupirs sans espoir.

« Enfant, donne ce luth. — J'aime et je veux savoir

« Si les chants sont l'oubli des amours insensées ! »

— Il disait et déjà, sous ses mains cadencées,

La lyre frémissait ; mais soudain, s'arrêtant :

« Une corde, dit-il, manque à ton luth, enfant ;

« Six n'ont jamais donné qu'une vaine harmonie.
« Il en faut sept. — Eh bien ! ô mon pauvre génie,
« Ton luth veut, pour vibrer sous les doigts du chanteur,
« La plus saignante fibre arrachée à ton cœur ! »

A JOACHIM BRUEL.

CHANSON.

Bᴸᴬɴᴄʜᴇ sous sa robe blanche,
Blonde entre les blonds épis,
L'œil bleu comme la pervenche,
Le front pur comme les lys...
— Pourquoi mon âme est rêveuse,
Me demandez-vous encor?
— Elle a glané, la glaneuse,
Mon cœur dans sa gerbe d'or!

Pieds nus sur la grève nue,
Pure auprès du pur ruisseau,
Des jardins d'amour venue,
Comme les zéphyrs, sur l'eau...
— Pourquoi mon âme est rêveuse,
Me demandez-vous encor ?
— Elle a pêché, la pêcheuse,
Mon cœur dans son filet d'or !

Rose dès l'aube rosée,
Fleur à sa fenêtre en fleur,
Hirondelle au toit posée,
Cigale au foyer conteur...
— Pourquoi mon âme est rêveuse,
Me demandez-vous encor?
— Elle a filé, la fileuse,
Mon cœur dans sa trame d'or !

A G. M.

—

SONNET MÉLANCOLIQUE.

Qui sait où s'enfuit
Le sang de nos veines?
Que de choses vaines
Notre âme poursuit !

Lèvres de fleurs pleines,
Qui sait, dans la nuit,
Où le vent conduit
Vos chères haleines?

Sait tout qui sait bien,
Qu'il n'est de vrai bien
Qu'au cœur où s'attache

L'amoureux souci.
— Aimons sans relâche.
— Aimons sans merci !

A P. ROUILLON.

HEURE DU SOIR.

I

Les ombres s'allongeaient, à des dragons pareilles ;
Les grands bois, accroupis au bord de l'horizon,
Semblaient des bœufs couchés ou de frileuses vieilles,
Qui chauffent leurs pieds morts alentour d'un tison.

Dans l'azur immobile et poli comme un marbre,
Des étoiles filtraient, pareilles à des pleurs ;
Et la sève, perlant sous l'écorce de l'arbre,
Emplissait l'air voisin de puissantes odeurs.

A l'ombre des roseaux dressés comme des piques,
Les grenouilles, en chœur, jetaient leurs voix rhythmiques ;
De nocturnes oiseaux, dans l'air, traçaient des ronds.

Et la brise, frôlant la cime des bruyères,
En soulevait l'essaim vibrant des moucherons,
Dont la lune argentait les vivantes poussières.

TABLEAUTINS.

A RÉNÉ DARGNIES.

I

LE PÊCHEUR.

Comme un pêcheur debout sur la rive profonde,
Dieu, sur le bord du ciel, devançant le matin,
Jette immense filet chaque jour sur le monde,
Et l'entraîne le soir, plein d'un sombre butin.

Ceux-là que nous aimons, ce sont ceux qu'il emporte :
Ce qu'il en fait là-haut, nul ne le sait ici.
— Le flot s'est refermé, comme une immense porte,
Entre nous et nos morts, notre éternel souci !

TABLEAUTINS.

I

LE SEMEUR.

Debout sur le sillon béant, le vieux semeur,
En cadence y fait choir la graine nourricière ;
Les corbeaux, attentifs à son prudent labeur,
Avides pèlerins, cheminent par derrière.

Nous semons nos espoirs, tout le long du chemin,
Aux sillons de l'amour, aux vents du lendemain !
— Le temps, sombre corbeau, toujours en sentinelle,
Dévore sur nos pas la semence immortelle.

TABLEAUTINS.

III

L'OEUF.

L'œuf, c'est la vie enclose aux formes de la pierre.
— Quand l'oiselet surgit comme un mort glorieux,
De son frêle cercueil secouant la poussière,
Il envoye au soleil de petits cris joyeux.

Tout est cercueil, mais tout cache un vivant ! — Perdue
Au secret des tombeaux, la vie attend l'essor.
— L'aile immense des cieux, sur la terre étendue,
Couve l'œuf immortel que féconde la Mort !

TABLEAUTINS.

IV

LA ROSÉE.

QUAND le soleil a bu, sur la cime des bois,
La fraîcheur des baisers que l'Aube chaste y pose,
La rosée erre encore aux buissons, et parfois,
Se pend, frileuse perle, aux lèvres d'une rose.

Du premier souvenir, éternelle douceur !
Frêle perle d'amour au temps cruel ravie !
— Ainsi, chacun de nous porte, au fond de son cœur,
Un pleur tombé du ciel à l'aube de la vie !

TABLEAUTINS.

V

LE BUCHER.

Dans les sentiers perdus, moissonnant les bois morts,
Le Temps a traversé la forêt de mon âme,
Entassant et foulant souvenirs et remords,
En un sombre bûcher d'où jaillira la flamme.

O mes folles amours ! Démons ! Cœurs inhumains !
Accourez et dansez ! — C'est mon âme qui brûle !
— Je m'en retourne aux cieux, comme le grand Hercule,
Sur les ailes du feu qu'ont allumé vos mains !

TABLEAUTINS.

VI

LE PRINTEMPS.

Comme un faune endormi dont les nymphes lascives
Ont caressé les flancs de leurs gerbes de fleurs,
L'An se réveille et prend mouvement et couleurs,
Au doux flagellement des brises fugitives.

O Printemps! — Un frisson court dans l'air matinal,
La sève mord l'écorce et le lierre l'enlace;
Et la source, entr'ouvrant sa paupière de glace,
Sous des cils de roseaux, montre un œil virginal.

———————

TABLEAUTINS.

———

VII

LA SOURCE.

La source va creusant, d'une larme immortelle,
Un nid pour les vautours, dans les flancs du granit.
— Le souvenir amer, au fond du cœur fidèle,
Tel, filtrant sans relâche, à la mort fait son nid.

Et les vents embrasés, dont la source est tarie,
Ne sècheront jamais la blessure du cœur.
—Quelques-uns ne l'ont su, mais aucun ne l'oublie,
Cet amour qui nous fit la première douleur !

DEUXIÈME RONDEAU DE LA GAITÉ.

Séjour fatal à la grammaire,
Mais où fleurit l'art du décor ;
Doux pays où l'on pleure encor
Aux seuls mots de : *Croix de ma mère !*
Où (le cœur est un grand mystère)
J'ai vu sangloter un recor !
Où, dépouillant son masque austère,
Clio coule avec Terpsychor

Ses jours !

En toi tout est charmant, — d'accord !
Et Dumaine, ton beau corsaire,
Et ton Agar au parler d'or,
Et tes pas de toréador...
Tout ! — Sauf la prose de Victor
       Séjour !

A LÉON P....

LE FOUET D'AMOUR.

Laisse rire l'enfant qui t'a blessé le cœur:
Quelqu'autre lui rendra le mal dont tu murmures,
Et, toi-même, guéri de tes vieilles blessures,
De quelqu'autre, à ton tour, tu seras le vengeur.

Sois sans pitié. — Pareil à la sainte férule
Dont les moines jadis flagellaient leurs dos nus,
Le fouet de l'amour de main en main circule,
Et tous, nous châtions des péchés inconnus.

Quand elle reviendra, gémissante et meurtrie,
Tenter si de ses maux ton âme est attendrie ;
Garde-toi de fléchir et de tendre la main.
— Jette-lui le fouet, et passe ton chemin !

A H. F.

VIEILLE CHANSON.

Puisque n'y a peine qui dure,
Vouldrais fester le renouveau
Et tresser de fleurs un bandeau
A mon amoureuse blessure.

Cuidant que Lazare murmure
D'être si longtemps au tombeau,
Puisque n'y a peine qui dure,
Vouldrais fester le renouveau !

Mais las ! — La marâtre nature,
Qui donne l'oyselle à l'oyseau,
Ne me donne ce qui me fault ;
Et, malgré que peine ne dure,
Ne puis fester le renouveau !

UN SOUVENIR.

Durant les soirs d'hiver, longs et silencieux,
Je pense au temps où seuls, près de l'âtre joyeux,
Les cheveux dénoués et souvent demi-nue,
Tu dormais dans mes bras, sitôt la nuit venue ;
Où mes baisers riaient et pleuraient tour à tour,
Sur votre front sans tache, ô mon premier amour !
Et j'écoutais chanter ton cœur dans ta poitrine,
Et mes yeux enivrés, sous la toile mutine,

Suivaient le flot charmant de ton corps amolli.
Et puis, comme un enfant, dans notre petit lit
Je t'emportais joyeux, — éploré comme un saule,
Ton front abandonné roulait sur mon épaule.
Là, des baisers nouveaux, ardents, multipliés,
S'élançaient sur ta bouche et mouraient à tes pieds!

A AIMAR DE SAINT-AMANT.

SONNET DU RENOUVEAU.

Sous les premiers soleils, comme une coupe pleine,
La verdure déborde au penchant des chemins.
Le printemps a jeté des roses dans la plaine;
Ami, nous reviendrons des roses plein les mains.

Aux beaux jours sont promis de plus beaux lendemains.
Dans l'azur transparent qu'attiédit son haleine,
Avril a réveillé l'abeille et le phalène :
On entend bourdonner alentour des jasmins.

Ainsi, rien n'était mort! Tout renait, ô merveille !
Aux mondes d'autrefois le monde s'appareille :
Ami, reconnais-tu cette vieille chanson?

La chanson qui viendra, jamais la vaudra-t-elle?...
— Et dans l'air qu'emplissait l'espérance immortelle,
Monte le souvenir, comme une floraison !

A .J. BOURDIN.

PÈLERINS.

I

Les pèlerins d'amour, sublimes voyageurs,
Seuls affrontent pieds nus nos sentiers de misère;
Les yeux souvent au ciel, égrenant un rosaire
De chansons et de pleurs.

Ils s'arrêtent au bord des sources altérées,
Pour baiser, sous les fleurs, des pas mystérieux ;
Ils portent à leur cou des reliques sacrées
    Qu'ils cachent à nos yeux.

Au revers d'un fossé de leur route infinie,
Ils s'endorment un soir, comme l'oiseau s'endort.
— Nul ne connaît leurs noms, car leur muet génie
    Est frère de la Mort !

A C. L.

ENFANTILLAGE.

L'omnibus était au complet :
L'enfant fit une triste moue,
Puis, courageuse, dans la boue,
Planta son talon rondelet;
Et, durant qu'elle me frôlait,
Je vis ensemble, et je l'avoue,
Une mouche dessus sa joue,
Une mouche sur son mollet!

Deux points noirs! — Une blancheur telle,
Qu'on eût dit un fleuve de lait
Qui, sous son voile, ruisselait
Jusqu'à son jupon de dentelle.
— Ces deux mouches, dans ma cervelle,
Voltigent comme un feu follet.
Dans mon cœur entra la cruelle;
— L'omnibus était au complet!

RONDEAU.

LE temps viendra, Philippe, où les fleurs effeuillées
Que le Soleil jaloux brûlait sous notre front,
Dans la tombe, aux chansons des larves réveillées,
Germeront sous la pierre et s'épanouiront ;
Où nos folles amours, nos visions ailées,
Du réel implacable ayant subi l'affront,
Dans la nuit, par les pleurs des saules consolées,
Autour de nos yeux morts, en cercle danseront !

Le temps viendra.

Le temps viendra du rêve et des choses voilées
Qu'au-dessous du linceul les trépassés verront,
Et des splendeurs sous d'autres formes révélées,
Et de la liberté que nuls ne troubleront,
  Le temps viendra!

A J. BOURDIN.

MARTYRS.

Du haut de l'arbre de la vie,
Où le désir les crucifie,
Les pâles martyrs de l'amour
Contemplent, au pied du Calvaire,
Les joyeux compagnons du verre
Qui chantent tout le long du jour!

Eux, leur flanc saigne et leur col ploye,
Et cette musique de joye
N'effleure pas leurs sens troublés...
Mais, cette voix qui vibre à peine,
C'est un sanglot de Madeleine !
— Et les martyrs sont consolés.

MATER SUPERBA.

Quand, sur ton noble front de pudeur revêtu,
J'admire la beauté, splendeur de la vertu,
J'aime d'un fol amour, mère orgueilleuse et sainte,
Ton fils que tu retiens dans une molle étreinte;
Ton beau captif qui veut s'échapper de tes bras.
Chante, mère orgueilleuse et douce, et tu verras
Sur ton bras courageux rouler sa blonde tête,
Et tu demeureras, immobile et muette,

Recueillie, et tout bas adorant son sommeil !
Berce-le doucement, et, s'il pleure au réveil,
Penche vers lui ton front, mère orgueilleuse et tendre ;
Que ton fils te caresse, et que je puisse entendre,
Comme dans les rosiers les passereaux voleurs,
Gazouiller ses baisers sur tes lèvres en fleurs !

A LÉON P.....

L'OLYMPE.

J'aime l'Olympe grecque et son peuple héroïque,
Et ce fourmillement de grandes passions,
Et cet art qui donnait à l'idéal antique
Un souffle, des contours et des proportions.

Tout vivait dans le ciel qu'une fièvre mystique
A rempli, pour nos fils, de pâles visions.
Les tranquilles croyants du culte symbolique
Gardaient au Beau réel leurs adorations.

J'aime, dans sa splendeur, cette fable payenne
Qui nous montrait les Dieux sous une forme humaine,
Vénus fouettant l'eau de ses cheveux flottants,

Niobé sur un roc se dressant lamentable,
Et les fureurs de Dzeus dont la droite effroyable
Secouait, dans les airs, la tribu des Titans.

LES OUBLIEUX.

L'ENFANT disait : « Veux-tu nous enfuir loin du monde ?
— « Enfant, ma douce enfant, je veux ce que tu veux ! »
Il prenait dans ses mains la chère tête blonde,
Et sur son front rêveur il baisait ses cheveux.

« Ami, courons au bal ! — Le bal joyeux m'attire !
« Mais non ! — Courons au bois sur ton cheval nerveux !
— « Enfant, ma douce enfant, je veux ce que tu veux ! »
Et sur sa lèvre folle il baisait son sourire !

Sentiers où leur amour a longtemps voyagé,
Deux nids où s'abritait leur mutuelle ivresse,
Où donc sont aujourd'hui l'amant et la maîtresse?
— Tous deux sont beaux encore et tous deux ont changé.

A H. F.

VIEILLERIE.

Oe gyt la loyauté du cœur,
Puisqu'à l'amour amour n'est due,
Et qu'ingratitude est son heur
Qui, pour tout prix, nous est rendue?

Puisque notre peine est perdue,
D'en vouloir merci plein d'honneur,
Et cette ivresse défendue
D'être deux, n'ayant qu'un bonheur!

Amour, des tyrans est le pire,
Car, oyez l'estrange martyre
Où le mal d'aimer nous reduict :

Las! notre folie est la même,
Et d'aimer celle qui nous fuyt,
Et de fuyr celle qui nous aime !

A M. T. DONDEY.

HEURE DU SOIR.

II

Le soleil, déchiré par les rocs ténébreux,
Tombe, comme César, dans sa robe sanglante.
Avant de nous quitter, l'heure se fait plus lente,
Et de confuses voix murmurent des adieux.

C'est le soir ! — L'horizon se remplit de lumière,
Et la pourpre s'allume aux rives de l'azur ;
Et le flot attiédi, plus profond et plus pur,
Enivre de chansons la rive hospitalière.

Derrière les brouillards où Phébé va s'asseoir,
La dernière colline a caché ses épaules ;
L'onde baise tout bas les longs cheveux des saules :
Vesper luit, comme un pleur, dans l'œil profond du soir.

On entend murmurer, sous les lentes morsures
Des lierres vagabonds, les chênes orgueilleux,
Et les soupirs lointains qu'élèvent vers les cieux
Les pins ensanglantés d'odorantes blessures.

C'est l'heure où tout cœur fier fuit dans la liberté,
En sentant se rouvrir la blessure fermée,
Tandis qu'au sein des fleurs la nature pâmée
Boit la fraîcheur de l'ombre et l'immortalité !

PÈLERINS.

II.

Parfois, sur le chemin que leur marche ensanglante,
Le sombre chœur des gueux et des déshérités,
Comme un troupeau de bœufs que le fouet tourmente,
Pousse sa grande voix dans les immensités.

Et la nuit seule entend leur clameur insensée
Qui roule, sous l'azur, le bruit sourd de ses flots.
La majesté des cieux n'en est pas offensée ;
Le vide boit leurs cris et le vent leurs sanglots !

Mieux vaut au pèlerin que trahit son courage,
Fuir les sentiers perdus qu'a brûlés le soleil,
Et, muet, s'endormir sous le cruel ombrage
Où la jalouse Mort vient punir le sommeil.

Moi, je marche toujours, sans plainte et sans colère :
Il n'est de pauvreté qu'au cœur sans souvenir.
— Je porte dans mon âme un trésor de misère,
Et mes jours sont remplis d'aimer et de souffrir !

A FEYEN PERRIN.

UNE GRÈVE.

Le ventre dans le sable et le front dans la main,
Sur la rive marine elle reste accoudée :
Son doux poids a creusé les rondeurs de son sein
Dans la grève amollie et par le flux ridée.

Elle est nue et le ciel la revêt de clarté.
De grands rochers debout au loin font sentinelle,
Et les oiseaux de mer battent l'air autour d'elle,
Sans troubler un moment son immobilité.

Femme, à qui songes-tu sur la plage déserte
Où le vent du matin balaye l'algue verte,
Où la grève gémit sous le flot qui la mord ?

Si jeune, tu n'es pas Ariane délaissée.
— Il vient, celui qu'attend ta rêveuse pensée,
Ou, s'il tarde à venir, — pleure, c'est qu'il est mort !

A CHARLES GUEULLETTE.

CAIN.

. . . .

Et l'aurore berçait, comme une jeune mère,
Dans un réseau mouvant d'azur et de lumière,
Sous ses langes de fleurs le monde nouveau-né.
Et derrière le mont d'arbres verts couronné,
Le Soleil entr'ouvrait sa paupière profonde,
Quand une voix gémit et mugit comme une onde :

« Oh! cette tache rouge est toujours sur mon front,

« Qui le brûle et le ronge! — et que mes fils verront,

« Comme s'étend la rouille au choc d'une charrue,

« Plus sombre chaque jour et chaque jour accrue!...

« Et puis, quand ils sauront, eux, les pauvres maudits,

« Que le Seigneur, pour eux, n'a plus de paradis!...

« Mes fils, ayez pitié! Mais qui pourra vous dire

« Que je n'ai pas voulu vous perdre, vous proscrire!

« Oh! si mon sang versé!... Mais non! tu le défends,

« Dieu cruel, je ne puis plus sauver mes enfants!·

« Mon frère, es-tu vengé?—Mon frère, ombre implacable,

« Qui dévores mes pas! Oh! le remords m'accable!

« Ombre, es-tu donc mon frère? — Abel était si doux!

« Quand, plus jeune que moi, le soir, sur mes genoux,

« Il séchait, de sa lèvre et de ses mains tremblantes,

« Les sueurs du labour à mon front dégoûtantes!

« Oh! s'il pouvait encore essuyer, sur mon front,

« La tache qui le ronge, — et que mes fils verront! »

Et l'aurore berçait, comme une jeune mère,
Dans un réseau mouvant d'azur et de lumière,
Sous ses langes de fleurs, le monde nouveau-né.

Et Caïn prit alors un rire de damné,
Et Dzilla, qui dormait au pied d'un thérébinte,
A ce rire effrayée et mourante de crainte,
Dzilla de ses deux bras entourait son époux.
Mais lui, sentant ces bras si caressants, si doux,
Comme d'Abel enfant! et ces baisers de femme,
Tressaillit! — Le remords, ravivé dans son âme,
Tordit son pauvre corps, sous ces liens jumeaux,
Comme un serpent qui glisse entre deux verts rameaux.

Et Dzilla reprenait : « Dieu n'a pu te maudire
« Et me laisser encor t'aimer et te le dire!
« Ce serait trop de bien pour un banni des cieux,
« Qu'une voix qui lui dit, en tous temps, en tous lieux :
« Va, ta vie est ma vie, et ton âme est mon âme!
« Sois béni! sois maudit ! — je suis toujours ta femme. »

Et, comme sous sa lèvre elle jetait son cou,
Le sanglot, dans sa gorge, expira tout à coup.
Mais ce fut à son mal une rapide trève,
Car aussitôt, repris de son horrible rêve :

« Oui ! mais la tache rouge est toujours sur mon front,
« Qui le brûle et le ronge ! — et que mes fils verront ! »

15.

A J. BOURDIN.

C'EST à nos pleurs que se mesure
Tout ce qui nous fut un plaisir,
Et, plus profonde est la blessure,
Plus le cœur se doit applaudir.

Le mal immortel de souffrir
Grandit l'humaine créature ;
En vain contre le souvenir
Le temps essaye son injure

Où l'Amour a vraiment passé.
— Comme le passereau blessé,
Tombé de la cîme d'un chêne,

Plus haut le bonheur nous a lui,
Plus longtemps notre âme se traîne
Dans l'ombre qu'il jette après lui.

A AMÉDÉE CANTALOUBE.

TRIOLETS NOCTURNES.

Vénus a dénoué son collier d'étincelles
Qui s'égrène et remplit les cieux d'étoiles d'or,
Et sème des baisers aux lèvres des pucelles.
Vénus a dénoué son collier d'étincelles :
Un feu s'allume au cœur de la vierge qui dort.
— Vestale qui ne sais quel foyer tu recèles,
Vénus a dénoué son collier d'étincelles !

Vénus a dénoué ses cheveux ramassés
Qui roulent dans l'azur leurs molles avalanches.
— O vierge, quel frisson mord tes épaules blanches !
Vénus a dénoué ses cheveux ramassés :
Le fleuve d'or descend de son col à ses hanches.
— De vivantes chaleurs tes flancs sont caressés !
Vénus a dénoué ses cheveux ramassés.

Vénus a dénoué sa ceinture embaumée :
L'essaim voluptueux des parfums de la nuit
Prend son vol et s'abat sur la terre pâmée.
Vénus a dénoué sa ceinture embaumée
Qui de ses plis flottants t'enlace et te poursuit...
— O Vierge, éveille-toi, ma douce bien-aimée !
Vénus a dénoué sa ceinture embaumée.

A J. BOURDIN.

DOUZAIN

Le rire, comme les sanglots,
A sa ride profonde et nous creuse la joue,
Et le vent, tour à tour, à notre front secoue
Des épines et des grelots!

Meurtris aux coins de toutes choses,
Traînants ou bondissants, pâle troupeau d'amour,
Nous couvrons les chemins, flagellés tour à tour
Par les chardons et par les roses.

Les voluptés et les douleurs,
Entourant nos bûchers, en attisent les flammes ;
Comme aux clous de nos croix, sous les lèvres des femmes
Notre sang coule de nos cœurs !

MYRTO.

Myrto ne sait pas de chansons :
Les filles la trouvent sauvage.
— On la fuit, — et les beaux garçons
Ne l'embrassent pas au passage.

Elle s'en va loin des maisons,
S'asseoir près de la mer immense.
— Nul ne regrette son absence :
Myrto ne sait pas de chansons.

Noël vient, vêtu de glaçons :
On danse autour du feu qui brille ;
— Nul n'invite la pauvre fille :
Myrto ne sait pas de chansóns.

Mais elle sait le chant austère
Qui vibre au cœur silencieux,
Et que n'écoute pas la terre :
— Myrto sait la chanson des cieux !

A H. F.

—

CHANSON.

Je sais que ma jeunesse est morte,
Et n'espère plus son retour.
— Le cercueil a passé la porte :
Je n'ai de regret que l'Amour.

Dans le marbre, ma main plus forte
Sculpte les fleurs de mon cerveau,
Mille rêves de toute sorte!
— Je n'ai de souci que le Beau.

Je ne sais où le temps m'emporte,
Mais sans plainte je le suivrai :
— Nul ne sait son chemin. — Qu'importe
A qui n'a d'espoir que le Vrai !

A E. STÉPHAN.

FAÇON DE RONDEAU.

Non! je ne crois pas
Que l'idéal meure,
Et que vienne l'heure
De sonner son glas;
Que tout cœur soit las
Des mâles pensées,
Nos veines glacées
Avant le trépas,
  Non!

Et qu'un souffle enlève
Des cieux d'ici-bas,
Cette fleur du rêve
Qui fleurit nos pas,
Je ne le crois pas !
     Non !

A EUGÈNE FROMENTIN.

AMITIÉ DE FEMME.

Je chante aux doux croyants de la métempsycose :

Sous l'azur embrasé du ciel Agrigentin,
Un cyclope géant s'est épris d'une rose.

— Je chante aux amoureux qui passent leur chemin :

Le cyclope, en pleurant, dit à sa bien-aimée :
« Laisse-moi respirer ton âme parfumée! »

— Je chante aux malheureux des ingrates amours :

« J'aime, reprit la fleur, et j'aimerai toujours
« Le beau frelon qui dort au creux du chêne sombre ;
« Mais, pour te consoler d'un voyage lointain,
« Sous l'azur embrasé du ciel Agrigentin,
« *Soyons amis!* Je t'offre une place à mon ombre. »

— Je chante aux jouvenceaux ignorants du souci ;
Je chante aux malheureux des amours sans merci ;
Je chante aux doux croyants de la métempsycose :

Une femme pensait au cœur de cette rose.

A CHARLES BROUTTA.

VIEUX RHYTHME.

S'il faut vieillir en si piteuse sorte,
La Mort peut bien se hâter vers ma porte ;
Je n'ai souci, des choses qu'elle emporte,
    Que de l'amour.

J'ai trop vécu d'avoir vécu le jour
Où le printemps divin me resta sourd :
Le vrai printemps, c'est l'éternel retour
    De la jeunesse !

C'est le retour de la longue caresse,
Et du baiser qu'une neuve maîtresse
Sur notre lèvre amoureusement presse,
        Ses doux yeux clos !

C'est le réveil des nids au cœur éclos,
Et des chansons sans trève, et des sanglots,
Et des frissons que la main prend aux flots
        Des chevelures !

C'est notre sang qui monte à nos blessures,
C'est la douleur de vos chères morsures,
Désirs aux dents implacables et sûres !
        Désirs ardents !

Troupeau lascif qui fuyez, inconstants,
Le sentier rude où je marche à pas lents.
— Qu'importe donc que je vive longtemps
        Ou que je meure !

Si tu n'es plus que souvenir et leurre,
Charme d'aimer, seul bien qu'apporte l'heure,
Qui fut ma vie, et que tout bas je pleure,
         Désespéré !

Pour Octave Feuillet ne soyez plus sévère,
          O Sarcey :
Son verre n'est pas grand, mais il boit dans le verre
          De Musset.

A FEYEN PERRIN.

SOUVENIR DU COMÉDIEN ROUVIÈRE.

Sur l'oreiller sanglant, Othello pleure encore ;
Auprès du fossoyeur Hamlet va revenir :
— Enfouis mieux la bière, ami, le temps dévore !
Fais la tombe plus large à notre souvenir !

A ce pauvre cercueil n'épargne pas la terre ;
Sois moins avare au mort que la foule au vivant.
— Sais-tu bien que jadis il passait, triomphant,
Ce grand artiste épris de l'idéal austère !

Place au soldat vaincu ! — C'est un désespéré
Qui luttait le front haut et qui meurt ignoré !..
— Dis-nous, ombre d'Hamlet, sous les saules errante,

O toi qu'il ranimait de son souffle indompté,
Quel mot fatal t'a dit cette bouche expirante,
Quand sa mort étonna ton immortalité ?

A HIPPOLYTE MIGNOT.

MEMENTO.

Souvent, à la clarté qui tremble
Sur l'âtre en feu, je les revois,
Les amoureuses d'autrefois !
— Je les revois toutes ensemble.

Elles gravissent lentement
Le coteau fleuri de mon rêve,
Dans mon cœur réveillant, sans trève,
Le remords du dernier serment.

Comme les flots d'une onde morte,
Passe leur chœur silencieux ;
Leur mystique regard m'apporte
Le pardon des derniers adieux !

Ces doux spectres au front de femme,
Ces chers hôtes de mon foyer,
Ces débris aimés de mon âme
Me rendent à moi tout entier.

Alors, enivrante et profonde,
M'envahit la tentation
De suivre, par delà le monde,
Cette blanche procession,

Au doux pays où l'ont suivie
Ceux qui ne se consolent pas ;
Où s'accroît la future vie
'De tout ce qu'on perd ici-bas !

Où lentement se recompose,
Et souvenir à souvenir,
Notre être que doit rajeunir
L'éternelle métamorphose.

Car les gazons où j'ai pleuré
Me doivent compte d'une larme.
— Car un fol espoir, comme une arme,
Au fond de mon cœur est entré !

Car vous fuyez avant l'aurore,
O vous qu'en pleurant je revois,
Et je veux vous aimer encore,
Mes amoureuses d'autrefois !

Alors, à la clarté qui tremble,
Sur le chemin des trépassés,
Quand nous recompterons ensemble
Le trésor des bonheurs passés...,

Souvenez-vous, ô bien-aimées,
De ces jours, de tous les meilleurs,
Et de tant d'heures consumées
En tant de baisers et de pleurs !

A EMILE SARRAW.

SONNET DE L'IMMORTALITÉ.

Sans pitié ni souci du rêve audacieux
Qui promet au Néant notre âme tout entière,
L'infatigable Écho promène, sous les cieux,
La plainte de l'Esprit que trahit la Matière.

Sous les sens révoltés, une voix prisonnière
S'accroît et les défie, et leur chant orgueilleux
Traîne, sans l'étouffer, à l'oreille des Dieux,
Cet éternel sanglot qui sort de la poussière.

De ruines couverte et de mondes flottants,
La Mer de l'Infini gronde aux rives du Temps.
— L'espérance au tombeau descend inassouvie;

Et la Mort nous étreint entre ses bras jaloux,
Sans briser cette foi que nous portons en nous,
D'une force d'aimer qui survit à la vie !

www.ingramcontent.com/pod-product-compliance
Lightning Source LLC
Chambersburg PA
CBHW070628100426
42744CB00006B/625